중국도시 명함

第一册

[中国国家汉办/孔子学院总部]"中韩语言、城市、文化"系列图书出版项目

중국도시 명함

第一册

主编 侯文玉·刘运同
编者 刘寒蕾·夏维·王思宇·王娟·张露
监修 裵宰奭

韩国的中文教育体系比较成熟，中文教材也是种类繁多。但大多数教材都集中于入门级和中级，且多侧重于对话、语法及HSK辅导，一直缺少适合高级水平学习者使用的，兼具实用性、趣味性、文化性特色的高级汉语教材。为满足高水平学习者这一需求，庆熙大学孔子学院在开设《中国城市名片》课程的基础上编写了本教材。

教材共分两册，每册八课，每课主要包括以下几方面内容：

1. 导入：每课开头都会有AI导游先给学习者们做一个城市的总体介绍，具体包括该城市的基本情况、城市特色之最、当地的方言、美食和气候特征；个别跟韩国有渊源的城市还会有附加内容的补充介绍。

2. 对话：对话是课文的主体，主要围绕同济大学韩国留学生金俊成及其朋友或家人与AI小导的交流展开。对话内容涉及旅游行程安排、城市特色介绍和当地方言的展示等；对话之后的练习设置，主要是帮助学习者理解对话内容并能熟练运用本课的语法点及句型句式。

3. 阅读：阅读材料主要来自该城市的代表景点或独特的习俗介绍，要求学生具备一定的词汇量和阅读能力，但题型难度不大，多为简单的问答题。另外，阅读部分在材料的选择方面特别注重体现地域特色，有很强的文化属性和趣味性。

4. 综合练习：综合练习部分是本教材的创新之处，其编写体现了任务型教学法的原则。针对这一原则，该部分设置了旅行计划、演讲展示、学后思考三大类问题，旨在考察和提高学习者的语言输出能力、综合表达能力以及跨文化交际能力。

5. 城市链接：城市链接是每课的拓展部分，主要由能体现城市历史文化的俚语、儿歌或故事构成。通过课外延伸导读的方式，扩大学习者的阅读量，拓展学习者的视野，深度理解该城市的文化内核。

本教材具有以下几方面特色：

专门性：本教材为专门用途汉语教学用书，从主题、编排到课文内容、练习设计等都具有一定的针对性，主要适用于来华旅游前的准备阶段。

任务性：在综合练习部分的设置上体现了任务型教学法的原则。任务型教学法一般多用于教学设计，鲜少应用于教材。

实用性：在整体设计和内容编排方面紧紧围绕实用性这一原则，偏重于介绍该城市特色之最、饮食气候、名胜古迹、历史文化等，比较贴近现实生活。

趣味性：从开头标题的选择到AI导游的介绍再到阅读材料和最后的城市链接，尽可能地增加趣味性内容，以激发学习者学习兴趣。

全面性：注重语言知识与文化教学相结合，在保证每课一定量语言知识的基础上，增加了相应的文化内容，包括"历史传承"、"风土人情"、"城市建设与发展"、"生活与休闲"等等。

書川里

于庆熙大学孔子学院

2020年11月

한국에서의 중국어교육은 매우 성숙한 단계로 접어들었고, 시중에 매우 다양한 중국어 교재들이 출간되어 있다. 그러나 여전히 초·중급의 교재에 치중되어 있으며 내용적인 측면에도 대화, 문법 및 HSK시험에 집중되어 있다. 그렇다 보니 한국의 실정에 맞는 고급 수준의 학습자에게 필요한 실용성과 흥미성, 문화적 특색을 갖춘 고급 중국어 교재가 부족한 실정이다. 이에 본 교재는 고급 학습자를 위해 경희대 공자학원에서 개설한 '중국 도시 명함' 과정을 바탕으로 편찬하였다.

교재는 모두 두 권으로 나누어지며, 8개 과로 구성되어 있다. 각 과 구성과 내용은 다음과 같다.

1. 도입: 과목마다 AI 가이드가 학습자들에게 도시의 전반적인 내용을 소개한다. 구체적으로는 도시의 개황 및 중요한 정보, 현지의 방언과 음식, 기후의 특징 등을 포함하고, 한국과 인연이 있는 도시들은 내용을 추가하여 소개하였다.

2. 대화: 대화는 본문의 주요한 부분이며, 주로 동제대학교 한국인 유학생 김준성 씨와 친구 또는 가족과 AI 가이드의 교류를 바탕으로 이루어져있다. 대화의 내용은 여행 일정, 도시 특색 소개, 현지 사투리 소개 등이다. 연습문제도 추가로 구성되어 있는데, 학습자가 대화 내용을 이해하고, 본 과의 문법 및 문장 유형 및 구조를 능숙하게 익혀 구사할 수 있도록 도와준다.

3. 읽기: 읽기 자료는 도시의 대표 명소나 독특한 풍습을 바탕으로 하였다. 이는 학생들에게 일정한 어휘량과 읽기능력이 요구되나, 내용을 파악하는 문제는 어렵지 않은 비교적 간단한 문답형이다. 또한 읽기는 지역적 특성을 살린 문화와의 관련성이 높아 흥미롭다.

4. 종합연습: 종합연습 부분은 본 교재의 혁신적인 부분으로, 과업 중심 교수법의 원칙을 반영하여 작성하였다. 본 과업 중심 교수법 원칙은 여행계획, 강연 전시, 학습 후 사고의 3개 범주에 대한 질문으로 학습자의 언어 표출 능력 및 종합적인 표현력, 문화 간의 의사소

통 능력을 고찰하고 향상시키도록 돕는다.

5. 도시 링크: 도시 링크는 각 과의 내용에서 확장되는 부분으로, 주로 도시의 역사 문화를 보여주는 비속어, 동요, 이야기 등으로 구성되어 있다. 이는 수업내용을 연장하는 방식으로서 학습자의 독서량을 늘리고 시야를 넓혀주며, 각 도시의 문화와 관련된 핵심 내용을 깊이 이해하도록 설계되었다.

본 교재는 다음과 같은 몇 가지 특색을 가지고 있다.

1. 전문성: 본 교재는 특수 목적을 가진 중국어 교재에 속한다. 주제의 선택부터 편성, 본문 내용, 연습문제 설계까지 모두 맞춤형이고, 특히 중국으로 여행 가기 전 준비단계에서 활용될 수 있다.

2. 과업 중심: 과업 중심 교수법은 일반적으로 수업 설계에 많이 쓰이고 교재에는 흔히 사용하지 않지만, 본 교재는 학습에 도움이 되도록 과업 중심 교수법 원칙을 반영하여 종합 연습문제 부분을 설계하였다.

3. 실용성: 본 교재는 전체적인 설계와 내용 편성에 있어 실용성의 원칙을 지키고 있다. 실생활에 밀접하게 관련된 각 도시만의 특색, 음식, 기후, 명승고적, 역사문화 등을 집중하여 소개하고 있다.

4. 흥미성: 제목의 선택부터 AI 가이드의 소개와 함께하는 읽기 자료와 마지막 도시 링크까지 가능한 한 흥미 있는 내용을 추가해 학습자의 흥미를 유발하도록 하였다.

5. 포괄적: 이 교재는 언어 지식과 문화교육의 결합을 중시하고, 매 과의 언어 지식을 위한 학습의 내용을 일정량 확보하면서 '역사 전승', '도시의 특색과 풍습', '도시건설과 발전', '생활과 여가' 등의 문화 콘텐츠를 추가하였다.

書川里
경희대학교 공자학원에서
2020년 11월

第一课

"魔都"上海

导入

大家好，我是AI机器人导游，我的名字叫小囡(上海话：小女孩的意思)，你们可以叫我"囡囡(noe noe)"。今天由我和大家一起游览上海，了解上海。首先我来给大家介绍一下上海吧。

来源_https://699pic.com

上海简称"沪"，是中国的四大直辖市之一，位于中国东部，是长江三角洲的核心城市。上海有一个特别的名字"魔都"，意思是魔幻且充满魅力的城市。

下面让我们用数字来认识下上海

- 人口：2428.14万人(2019)
- 面积：6340.5平方千米
- 辖区：16个区
- 生产总值(GDP)：38155.32亿元(2019)
- 年均气温：17.6度
- 高等院校：31所

上海不仅是中国经济最发达的城市，也是一座引领时尚潮流的城市，下面让囡囡再用几个上海之最来介绍下上海：

1. 迪士尼乐园

   上海最梦幻的地方，也是世界最大的迪士尼城堡。

2. 上海中心大厦

   总高632米，不仅是上海最高，也是中国最高的建筑。

3. 上海磁悬浮列车

   从龙阳路到浦东机场全长29.863公里，全程只需要7~8分钟，是世界第一条商业运营的高架磁悬浮专线。

4. 上海半岛酒店

   全国最贵停车场，80元/小时，3000元/晚。

5. 上海世茂深坑酒店

海拔-89余米，为全世界海拔最低酒店。

看了这些，是不是觉得又新奇又有意思呢？下面让我们再来了解下上海的方言、美食和气候特征。

1. 上海话

上海话是吴语方言的一种，是在上海地区悠久历史中形成的汉语方言，汇聚了吴越江南语言文化的精华，有着深厚的文化积淀。

2. 上海菜

上海菜也称"沪菜"或"本帮菜"，是中国的主要地方风味菜之一。上海菜选料新鲜；菜肴品种多；烹调方法上善于用糖，善烹河鲜；口味由浓油赤酱趋向淡雅爽口。

3. 上海气候特征

上海属亚热带季风气候，呈现季风性、海洋性气候特征。春天温暖，夏天炎热，秋天凉爽，冬天阴冷。总体温和湿润，四季分明。

※ 1919年4月，韩国志士在上海组织成立"大韩民国临时政府"，开展反日复国斗争。大韩民国临时政府现位于上海市黄浦区马当路306弄4号，每年都有许多韩国游客来上海寻访遗迹。

金俊成 你好，我有问题咨询。

囡　囡 请说，侬(nóng)可以叫我囡囡。

金俊成 "侬"是什么意思？

囡　囡 "侬"是上海话"你"的意思。

金俊成 这个周末，我一个韩国朋友要来上海，想让我陪他逛逛街，有什么可以推荐的地方吗？

囡　囡 请告诉我你们的时间。

金俊成 他很忙，可能只有一天时间。

囡　囡 哦，明白。你们有什么要求吗？

金俊成 请推荐一两个具有文化、历史特色的景点。

囡　囡 请等一下，一天的时间想看看阿拉(ā lā)上海的文化和历史？

金俊成 是的，我知道上海话"阿拉"是我们的意思。

囡　囡 我先给你们一个旅行计划A，你们看可以不可以。如果不满意，我会再发送计划B。

金俊成 好的，谢谢。

囡　囡 计划A：上午参观鲁迅公园，重点看鲁迅墓和尹奉吉义举纪念地；下午参观城隍庙和豫园；晚上到外滩散步，也可以坐观光游船看夜景。

金俊成 不错，不是很辛苦。谢谢。

图 图 不客气。景点的详细资料随后将发送到你的微信。祝你们旅行愉快！

金俊成 再次感谢。

图 图 不谢，再会。

金俊成 再会。

练习

一、听对话，了解重点

　　1. 金俊城要跟谁去旅游？

　　2. AI小导给他们推荐了哪些地方？

　　3. 鲁迅墓在哪儿？

二、如何使用下列表达

　　1. 你们有什么要求吗？

　　2. 如果不满意，我会再发送计划B。

　　3. 详细资料随后将发送到你的微信。

豫园

豫园是上海老城仅存的一座明代花园，有四百余年历史。1982年，豫园由中国政府公布为全国重点文物保护单位。

豫园内有三穗堂、得月楼、积玉水廊、听涛阁、涵碧楼、晴雪堂、古戏台等亭台楼阁以及假山、池塘等四十余处古代风格建筑。

豫园是中国古代南方园林的一个代表，豫园到处可见精美的砖雕、石雕、泥塑、木刻，具有很高的艺术价值。

豫园也是上海举办元宵灯会等文化活动的地点。另外，豫园附近还有许多各具特色的商店和小吃店。比如著名的南翔小笼包，许多人排了很长的队在门口等着。在今日的中国，排队的情况已经很少能见到。豫园入口处有一个湖心岛茶亭，历史也很悠久。除了品尝各地名茶，还可以购买纪念品。

※ 豫园的开放时间
   8:30-17:30(3月1日至10月31日)，8:30-17:00(11月1日至2月28日)。

回答问题

1. 豫园是什么时候开始建造的？
2. 参观豫园最晚不能超过几点？
3. 豫园附近有名的小吃叫什么？

综合练习

一、旅行计划

学完本课内容是不是想去上海旅行呢？如果有机会去上海，你都想去哪些地方？你将怎么计划自己的旅行？请完成下面的表格。

上海旅行计划

地点	旅行计划

二、演讲展示

找一处你感兴趣的上海地标或者场所，写一个简明的介绍，字数300-600字，并制作PPT在班级演讲展示。时间为15-20分钟。

例如：迪士尼乐园、田子坊、上海米其林餐厅等

三、思考问题

1. 通过本课的学习，你认为上海是一个怎样的城市？

2. 无论国内还是国外，你所了解的城市当中有和"上海"相似的吗？请介绍一下。

城市链接

一、上海童谣

落雨了

打烊了

小八腊子开会咯

廿四路电车打弯喽

一歇哭

一歇笑

两只眼睛开大炮

一开开到城隍庙

城隍老爷哈哈笑

二、上海地铁

　　来上海旅游，最佳的出行方式便是乘坐地铁。上海地铁(Shanghai Metro)是世界范围内线路总长度最长的城市轨道交通系统。上海第一条地铁1号线于1993年5月28日正式运营。截至2020年8月，上海地铁运营线路共17条(含磁浮线)，共设车站416座(含磁浮线2座)，运营里程共705千米(含磁浮线29千米)。

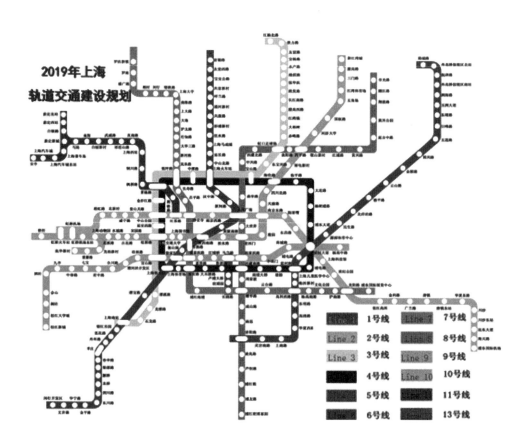

上海地铁的标识是由"上海地铁"英语SHANGHAI METRO的第一个字母"S""M"组成的圆形图案，表示地铁环城行驶、四通八达之意，标识由红、黑、白3种颜色组成。上海地铁报站语言为普通话、英语、沪语(部分)。

在这么多条地铁线中，最值得一提的二号线。上海地铁2号线是上海第二条地下铁路线路，标志色是绿色。它西起青浦区徐泾东站，东至浦东国际机场站，途经虹桥火车站、虹桥2号航站楼、人民广场、南京东路、静安寺等重要站点，是上海最热闹的一条地铁线之一。

乘坐上海地铁可以用上海公共交通卡或者刷手机二维码，不过使用手机二维码之前需下载一个叫"大都会"的APP，并绑定支付宝或者微信再出行。

第二课

"岛城"青岛

导入

大家好，我是AI机器人导游，我的名字叫小嫚儿[xiǎo mānr](青岛话：小女孩的意思)。金俊成同学和德国朋友弗兰克准备这个假期来青岛旅游，我给他们做了旅游攻略。现在就由我和大家一起游览青岛，了解青岛吧。首先我来给大家介绍下青岛的大概情况。

青岛地处中国华东地区，位于山东半岛东南，东濒黄海，是中日韩自贸区的前沿地带，也是中国沿海重要中心城市和国际港口。青岛别称"岛城"、"琴岛"。

下面让我们用数字来认识下青岛

人口：989.98万人(2019)

总面积：11293平方千米

辖区：7个区、3个县

生产总值(GDP)：11741.31亿元(2019)

年平均气温：12.7度

高等院校：26所

青岛不仅是国家历史文化名城，还是中国首批中国优秀旅游城市、中国最具幸福感城市，被誉为"东方瑞士"。下面让小嫚儿再用几个青岛之最来介绍下青岛。

1. 青岛啤酒

   1903年建厂，1906年在慕尼黑国际博览会上获得啤酒类金牌，是中国最著名啤酒。

2. 青岛观象台

   中国人建造的第一座天文观测室，成立于1898年为远东三大天文台之一。

3. 胶州湾海底隧道

   全长7.797千米，跨海部分长4.095千米，是中国最长的海底隧道。

4. 棘洪滩水库

亚洲最大的人造堤坝平原水库, 被誉为"亚洲明珠"。

5. 齐长城

起点安陵邑(胶南灵山卫), 是中国现存最古老的长城。

看了刚刚介绍的青岛之最, 是不是马上想去领略一下青岛的风采呢？下面让我们再来了解下青岛的方言、美食和气候特征。

1. 青岛话

青岛话, 属于胶辽官话。是以即墨话为基础, 融合山东各地方言以及江浙、江淮、两广、京津等方言, 再加上德语、日语的部分外来词汇而形成。

2. 青岛菜

青岛菜最大的特点是善于烹调海鲜菜肴。青岛菜是鲁菜的一个重要分支。鲁菜是中国四大菜系之一, 咸鲜纯正, 是历史最悠久, 最见功力的菜系。

3. 青岛气候特征

青岛属于温带季风气候, 有明显的海洋性气候特点。空气湿润, 温度适中, 四季分明, 海雾较多。

※ 青岛与韩国隔海相望, 青岛是韩国企业投资中国最为集中的城市。

金俊成 小嫚儿，你好。我打算在青岛玩两天，青岛有哪些好玩的地方吗？

小嫚儿 您可以先去栈桥看看，然后到小青岛观看海景，最后去奥帆中心坐游艇，游览奥林匹克大道、情人堤、五四广场等景点。

金俊成 小嫚儿，弗兰克是德国朋友，听说青岛还保留了很多德国的建筑，我想带他去看看，你推荐我们去哪里？

小嫚儿 那你们第二天去浪漫的八大关吧。那里有万国建筑博览会之称。大部分的建筑里都有人居住，只能在外面拍照，只有花石楼可以入内观赏。花石楼是德国总督当年的别墅。

金俊成 时间来得及吗？

小嫚儿 嗯，来得及。下午你们还可以去啤酒博物馆参观一下。

金俊成 我在韩国就听说青岛啤酒特别有名。

小嫚儿 是的。来青岛一定要做的三件事就是"哈(hā) 啤酒，吃嘎啦(gā lā)，洗海澡"。

金俊成 啤酒为什么要哈呢？嘎啦又是什么？

小嫚儿 青岛话里的"哈"是喝的意思，当地人把"蛤喇"叫做"嘎啦"。

金俊成 这样啊，明白了。小嫚儿，青岛大街上人们手里提的一袋一袋的，那是什么？

小嫚儿 那是青岛的一大特色，袋装啤酒。青岛人下班的路上会拎一袋啤酒回家。"一杯酒，一盘蛤喇"常常放在青岛人的晚餐桌上。

金俊成　谢谢你的介绍。听你说的，我都不想走了，想多待几天。

小嫚儿　不用谢，祝你们旅游快乐。

金俊成　谢谢。

练习

一、听对话，了解重点：

1. 金俊成要在青岛待几天？

2. AI小导给他推荐去哪些地方？

3. 来青岛一定要做的三件事是什么？

二、如何使用下列表达：

1. 大部分的建筑里都有人居住，只能在外面拍照。

2. 下午你们还可以去啤酒博物馆参观一下。

3. 我在韩国就听说青岛啤酒特别有名。

栈桥

青岛栈桥，建于清光绪十八年(1892年)，是青岛最早的军事专用码头。它是青岛标志性建筑，具有重要的历史意义。它也是国家AAAA级旅游风景区。

栈桥南端是防波堤，呈半圆形。堤内筑有具有民族特色的二层八角楼，叫"回澜阁"。阁心有旋转楼梯，二层四周为玻璃，有"一窗一景，一景一画"之说。游人在阁里看着海上的风景，海风吹拂，时不时被溅起的海水打到身上，十分惬意。

栈桥主要由回澜阁、中山路、小青岛、海水浴场等景点组成，形成了青岛黄金海岸线上一道独特风景。

※ 青岛栈桥是免费的旅游景点。开放时间
旺季07：00-19：00，淡季08：00-17：30。

【回答问题】

1. 栈桥建于什么朝代？

2. 栈桥的主要建筑是什么？它的建筑特点是什？

3. 栈桥主要有什么景点？

综合练习

一、旅行计划

学完本课内容是不是想去青岛旅行呢？如果你有机会去青岛，都想去哪些地方？你将怎么计划自己的旅行？请完成下面的表格。

青岛旅行计划

地点	旅行计划

二、演讲展示

找一处你感兴趣的青岛地标或者场所，写一个简明的介绍，字数300-600字，并制作PPT在班级演讲展示。时间为15-20分钟。

例如：青岛火车站、青岛奥林匹克帆船中心、崂山等

三、思考问题

1. 通过本课的学习，你认为青岛是一座怎样的城市？

2. 无论国内还是国外，你所了解的城市当中有和青岛相似的吗？
   请介绍一下。

一、"鲅鱼跳、丈人笑"青岛鲅鱼礼

相传青岛崂山区沙子口一带有位老人收养了一个叫小伍的孤儿,后来成了老人的女婿。有一天老人病危,想吃鲜鱼,当时海上大风骤起,可小伍还是冒着危险出海了。老人等啊等啊,弥留之际对女儿说:"好孩子,难为小伍了,罢了,罢了……",说完老人就咽气了。这时小伍抱着一条大鲜鱼回来了,可老人已经去世,夫妻二人只好把鱼做熟后供在老人的灵前。

从此,小伍夫妻每年给老人上坟的时候都供上这种初春刚捕到的大鱼,并按老人念叨的"罢了"为这种鱼起名为"罢鱼",即鲅鱼。此故事代代相传,养成了青岛市沙子口人讲求孝道的美德。春天送鲅鱼孝敬岳父母就是这样来的。

二、青岛地铁

1935年,青岛城市交通规划在中国最早提出建设地铁。1987年,青岛市开始筹建地铁工程。2015年12月青岛地铁3号线开通试运营。

截至2019年12月,青岛地铁开通运营线路共有4条,在建线路共有6条。预计到2021年,形成7条运营线路、总长332公里的地铁网络。2019年,青岛地铁共发送乘客1.88亿人次。

青岛地铁标志以大写字母"Q"为主要元素，整体呈圆形，圆形犹如一轮升起的明月，标志内部地铁隧道入口与下方波浪的结合，表达出海月相映的美好意境，既展现出青岛这个海滨城市的特点，又体现出青岛地铁交通的核心概念。绿色寓意着地铁是绿色环保的交通工具。

"畅畅"是青岛地铁的吉祥物，设计同样以绿色和白色为主，形象稚萌可爱，展现了青岛地铁"包容、高效、卓越、责任、精进"的核心价值观。

青岛由于历史上形成的城市布局和功能定位，形成了南强北弱的青岛市区"旧常态"。地铁开通后，促使南北城区的生活方式融合，"南北差距"、"东西差别"逐步消失，极大地促进了区域发展再平衡。

第三课

"六朝古都"南京

大家好，我是AI机器人导游，我的名字叫潘西[pān xī]（南京话：女孩子的意思）。今天由我和大家一起游览南京，了解南京。首先我来给大家介绍下南京概况。

来源_https://699pic.com

南京，简称"宁"，古称金陵、建康等。南京历史悠久，有着超过2500余年的建城史和近500年的建都史，是中国四大古都之一，有"六朝古都"之称。

下面让我们用数字来认识下南京

- 人口：850.0万人(2019)
- 面积：6587平方千米
- 辖区：11个区
- 生产总值(GDP)：14050亿元(2019)
- 平均气温：15.4度
- 高等院校：66所

南京不仅是有着悠久历史的古都，而且是一个现代化的城市。下面让潘西再用几个南京之最来介绍下南京：

1. 明城墙

   修建于明代，是世界最长、规模最大、保存原真性最好的古代城垣，现在完整保存的有25.1公里。

2. 中华门城堡

   是中国现存最大的城堡式城门，也被公认为是世界上保存最完好、结构最复杂的古城堡。

3. 鼓楼

   是现存最古老的楼，距今已有六百余年的历史。建于明洪武十五年(1382年)，是古代迎王、送妃、接诏、报时之处。

4. 丹阳古道

是南京地区最早见于历史记载的古道。春秋战国时期用于连接吴楚东西交通的古道。在历代的战事中,此古道一直具有着重要的战略意义。

5. 玄武湖

是中国最大的皇家园林湖泊,享有"金陵明珠"的美誉。玄武湖距今已有两千三百年的人文历史,属于金陵四十八景之一。

看了这些是不是很想感受一下别具一格的江南古城呢?下面让我们再来了解下南京的方言和美食。

1. 南京话

南京话又称南京官话,曾长期作为中国的官方语言。

2. 南京菜

南京菜是苏菜的四大代表菜之一。以咸为主,咸甜适宜、酸而不涩、苦而清香、辣而不烈、浓而香醇、肥而不腻。

3. 南京气候特征

南京属亚热带季风气候,气候温和,雨量充沛,四季分明。春季风和日丽;梅雨时节,又阴雨绵绵;夏季炎热,秋天干燥凉爽;冬季寒冷、干燥。

※ 1936年2月,"大韩民国临时政府"迁至南京。1932年至1937年,南京成为韩人独立运动的中心地。

对话

金俊成 小导你好，能为我们介绍一下南京吗？我想放假去南京旅游。

潘　西 没问题。你想在南京玩几天？

金俊成 大概四五天。

潘　西 那么可以看的地方很多。你可以去中山陵、明孝陵、总统府、夫子庙和秦淮河畔怀古。南京市并不是很大，而且公共交通很方便，地铁和公交都能快速到达目的地。

金俊成 这么多好玩的地方啊，你帮我设计一下旅游计划吧。

潘　西 你可以先去夫子庙看看。夫子庙是供奉和祭祀孔子的地方，是中国四大文庙之一。它是一组规模宏大的古建筑群，被誉为秦淮名胜而成为古都南京的特色景观区，也是蜚声中外的旅游胜地。

金俊成 我正好对南京的文化、历史很感兴趣。我现在就想去了。

潘　西 南京夫子庙——秦淮风光带，现已建成以夫子庙为中心，以秦淮河为轴线的景区。秦淮河一带可以吃小吃，买礼物。坐画舫游秦淮河也是很不错的选择，夜晚景色很好，和白天是不一样的景色。

金俊成 又有好看的、又有好吃的，你推荐的地方可真不错啊。

潘　西 南京总统府也很有特色，是明代汉王府、清代两江总督署和太平天国天王府遗址。总统府是热门景点，人流量很大，所以最好提前去哦。

金俊成 好的，我知道了，我会提前做好准备。

潘　西　总统府景区附近有很多博物馆，六朝博物馆、江宁织造博物馆。总统府的正对面是南京图书馆，是中国第一所公共图书馆。逛累的话可以到里面看看书，休息休息，也可以了解南京本地作家的作品。

金俊成　我去一个地方旅游，总会去那个城市的博物馆看看，你知道南京哪个博物馆值得一去吗？

潘　西　南京博物院你一定要去看看，它是中国三大博物馆之一，中国最早创建的博物馆。你一定会很感兴趣的。

金俊成　但是具体不知道怎么去。

潘　西　乘地铁2号线，到明故宫站下，再乘坐地铁2号线到明故宫站(1口出)下车步行600多米就会到了。

金俊成　太谢谢你了。你说得太详细了。

潘　西　不客气。不清楚的地方随时问我。

金俊成　好的。回见。

练习

一、听对话，了解重点：
　　1. 金俊成放假要去哪里旅游？
　　2. AI小导给金俊城推荐去哪些地方？
　　3. 夫子庙是一个什么样的景点？

二、如何使用下列表达：
　　1. 夫子庙是供奉和祭祀孔子的地方，是中国四大文庙之一。
　　2. 我正好对南京的文化、历史很感兴趣。
　　3. (总统府)人流量很大，所以最好提前去。

芥子园

芥子园在南京市秦淮区，它是清初名士李渔的居宅别墅之名。芥子园曾经是南京的园林一绝，有"园中之王"的美称。

清康熙元年(1662年)，清初名士李渔52岁时举家从杭州迁居南京，一住就是近20年。他在金陵营建了自己的私宅——芥子园。芥子园占地仅3亩，形状微小，如同芥子，所以取名芥子园。李渔在南京的文化活动也与南京这座历史名城紧密联系在一起。

佛教里有个词"芥子须弥"，指微小的芥子中能容纳巨大的须弥山，这也是芥子园的名字由来。走进园子，就像是走进了一个微型景观，小巧而精致，假山、花草、池塘应有尽有，移步换景，别有情趣。

不过，芥子园名气之盛却得益于中国画坛经典之作《芥子园画谱》。画谱系统地介绍了中国画的基本技法，浅显明了，适合初学者学习绘画，中国许多有名的画家小时候都使用此书开始学习绘画。

回答问题

1. 芥子园是一个什么地方？
2. 芥子园是谁设计的？
3. 芥子园有什么特色？

一、旅行计划

学完本课内容是不是想去南京旅行呢？如果你有机会去南京，都想去哪些地方？你将怎么计划自己的旅行？请完成下面的表格。

南京旅行计划

地点	旅行计划

二、演讲展示

找一处你感兴趣的南京地标或者场所，写一个简明的介绍，字数300-600字，并制作PPT在班级演讲展示。时间为15-20分钟。

例如：中山陵、明孝陵、总统府、夫子庙等

三、思考问题

1. 通过本课的学习，你认为南京是一座怎样的城市？

2. 南京是"六朝古都"，通过查阅资料，你能简单地说明一下吗？

一、《乌衣巷》

唐：刘禹锡

朱雀桥边野草花。

乌衣巷口夕阳斜。

旧时王谢堂前燕，

飞入寻常百姓家。

乌衣巷在南京市秦淮区秦淮河的南岸，是中国历史最古老的古巷。乌衣巷的由来有两种说法。一种是东吴时期，有军人驻扎在这里，这些军人常穿黑色的衣服。还有一种说法是，中国历史上的晋代王谢两大家族住在这里，那些士族子弟都喜欢穿乌衣也就是黑色的衣服来显示地位的尊贵，因此得名为"乌衣巷"。历经千年，如今的乌衣巷已经没有了往日的繁华，取而代之的是各地的游人前来一探究竟。

二、南京蟹黄汤包

蟹黄汤包为江苏传统美食，明、清时期已经享有盛誉。其特色是皮薄如纸，以制作"绝"、形态"美"、吃法"奇"出名。蟹黄汤包的制作原料为螃蟹的蟹黄和蟹肉，汤为原味鸡汤。南京六合区常年举办龙袍蟹黄汤包节。六合蟹黄汤包名气很大，味道也很好。

蟹黄汤包的皮薄薄的，用筷子夹着，皮不会破，也不会粘，透明的表皮里能够看见汤包里的汤汁晃动的样子，蟹黄点缀在其中，十分诱人。蟹黄汤包吃到嘴里更是鲜而不腻，薄薄的表皮入口即化，加了蟹黄之后，满口的香味，令你味蕾大开。

快来南京尝一尝吧！

来源_https://699pic.com

第四课

"园林之城"苏州

导入

大家好，我是AI机器人导游。我叫小娘鱼xiǎo niáng yú (苏州话：小女孩的意思)。金俊成和家人要一起来苏州度假，趁这个机会我先给大家介绍一下苏州概况吧。

苏州简称"苏",是中国长江三角洲重要的中心城市之一,也是国家历史文化名城之一,有近2500年历史,是吴文华的重要发祥地,有"人间天堂"的美誉。

下面让我们用数字来认识下苏州

- 人口:1074.99万人(2019)
- 总面积:8657.32平方千米
- 辖区:5个区、4个县级市
- 生产总值(GDP):19235.80亿元(2019)
- 年平均气温:15.7度
- 高等院校:29所

苏州不仅是中国历史文化名城,也是闻名遐尔的鱼米之乡、丝绸之府,下面让小娘鱼再用几个苏州之最来介绍下苏州:

1. 云岩寺塔

   建于公元595年,是中国最古老的楼阁式塔。

2. 宝带桥

   中国现存的古代桥梁中,最长的一座多孔石桥。

3. 丝绸产量

   苏州丝绸产销量大,居全国之首。近10年生产的绸缎,可绕地球45圈。

4. 金鸡湖

   总面积11.5平方公里,是中国最大的内城湖泊。

5. 苏州城

建于公元前514年，是中国最古老、河桥最多的城市，被称为"中国历史第一古城"。

大家看了这些是不是对苏州的好奇又增添了几分呢？下面让我们再来了解下苏州的方言、美食和气候特征。

1. 苏州话

苏州话，是吴语方言的一种，以软糯著称，素有"吴侬软"之美称。

2. 苏州菜：

苏菜是中国八大菜系之一，苏州菜是苏菜的重要组成部分，偏于"南甜"风味，重视调汤，保持原汁。苏州小吃是中国四大小吃之一，品种最多。

3. 苏州气候特征

苏州属于亚热带季风海洋性气候，四季分明，气候温和，雨量充沛。

对话

金俊成　小娘鱼，你好，我想问一下从上海到苏州远吗？

小娘鱼　您好，现在坐高铁很快、很方便。从上海到苏州20多分钟就到了。

金俊成　真的吗？太快了。明天我爸妈要来，想一起去玩儿。苏州有什么地方适合和家人一起旅游吗？

小娘鱼　来苏州一定要看苏州园林，那是苏州的骄傲。中国四大名园中，苏州就有两个。和家人一起去是个不错的选择，其中最有名的就是拙政园。

(到苏州了。)

金俊成　哇！苏州和上海这么近，但是感觉完全不一样啊！

小娘鱼　是呀，上海是大都市的氛围，苏州是江南水乡风味，更显精致、精美。园林就是最好的体现，拙政园就营造了一个与自然相容，与天地共存的生活空间，处处有情，面面生诗，余味无穷。

金俊成　那我们先去拙政园吧。小娘鱼，请问有什么需要注意的地方吗？

小娘鱼　中国的园林不只是物质空间，更是古代文化人的精神世界。去拙政园之前，建议先去参观一下园林博物馆，了解一下园林知识，对于游园更有帮助，而且是免费的哦。我已经提前帮你们预约好了。

金俊成　啊！那太感谢了，你想得真周到。

小娘鱼　不客气，这是我应该做的。

(出了拙政园。)

金俊成 小娘鱼，苏州有什么特色小吃吗？老人逛得有点儿累了，需要补充一下能量。

小娘鱼 苏州的精致也体现在吃的方面，讲究色香味形。苏州人吃菜还讲究时令，什么时令吃什么菜、什么鱼。

金俊成 有什么推荐的吗？

小娘鱼 现在"松鼠桂鱼"正当令，属苏州的传统名菜，也是江南宴席上必上的一道佳肴。

金俊成 松鼠？桂鱼？松鼠能吃吗？

小娘鱼 哈哈，这个不是真正的松鼠，是炸好的桂鱼浇上热气腾腾的秘制酱汁时，发出吱吱的叫声，像个松鼠。传说清朝的皇帝乾隆也品尝过这道名菜。

金俊成 那我一定要尝尝。

小娘鱼 好的，我们现在就去品尝松鼠桂鱼，赶快走吧。

> **练习**

一、听对话，了解重点

    1. 金俊成和家人怎么去的苏州？

    2. AI小导给他推荐去哪些地方？

    3. 他们都品尝了什么美食？

二、如何使用下列表达

    1. 从上海到苏州20多分钟就到了。

    2. 中国的园林不只是物质空间，更是古代文化人的精神世界。

    3. "松鼠桂鱼"属苏州的传统名菜，也是江南宴席上必上的一道佳肴。

拙政园

拙政园始建于明朝中期(16世纪初),是江南古典园林的代表。1997年联合国教科文组织批准列入《世界遗产名录》。

拙政园以水为中心,分为东、中、西三部分。中部是拙政园的主景区,为拙政园精华所在。其总体布局以水池为中心,亭台楼榭都临水而建,具有江南水乡的特色。其中"远香堂"位于水池南岸,隔着池水与东西两山岛相望,池水清澈广阔,遍植荷花,体现了建造者高洁的品德。拙政园景色自然,变化多端,代表了明代园林艺术的高超水平。

每年6月上旬到10月中旬的荷花节,每年3月28日到5月10日的杜鹃花节,都是拙政园的传统特色项目,吸引很多来自各地的游客。

※ 拙政园的开放时间

7:30-17:30(3月1日至11月15日), 7:30-17:00(11月16日至2月29日)。

1. 拙政园是什么年代的园林？

2. 拙政园分为几个部分？

3. 拙政园的主要景点"远香堂"为什么要种植荷花？

综合练习

一、旅行计划

学完本课内容是不是想去苏州旅行呢？如果有机会去苏州，你都想去哪些地方？你将怎么计划自己的旅行？请完成下面的表格。

苏州旅行计划

地点	旅行计划

二、演讲展示

找一处你感兴趣的苏州地标或者场所，写一个简明的介绍，字数300-600字，并制作PPT在班级演讲展示。时间为15-20分钟。

例如：金鸡湖、同里古镇、寒山寺、苏州博物馆等

三、思考问题

1. 通过本课的学习，你认为苏州是一个怎样的城市？

2. 无论国内还是国外，你所了解的城市当中有和苏州相似的吗？请介绍一下。

城市链接

一、"和合"二仙的传说

拾得是个孤儿，被禅师捡到取名为"拾得"。寒山出身富贵人家，是隐居的诗僧。寒山性格孤僻，而拾得因欣赏寒山的才学，所以二者经常一起吟诗作赋，情同手足。后来，他们爱上了同一名女子，为成全拾得，寒山在苏州枫桥出家，得知消息后的拾得到处寻找寒山。

一日，两人重逢。拾得拿着在枫桥顺手摘的一朵荷花；而一听拾得来了，正在吃饭的寒山提着斋盒就跑了出来。二者一人持荷，一人捧盒，意为："和(荷)谐，好合(盒)"。后来，两人共同建立了寒山寺。

某日，寒山问拾得：世间谤我、欺我、辱我、笑我、轻我、贱我、恶我、骗我、如何处治乎？

拾得云：只是忍他、让他、由他、避他、耐他、敬他、不要理他、再待几年你且看他。

拾得的回答，表现出了一种豁达、超然、大度，象征着"和谐、和平"。"和合文化"在今天仍具有深远的意义。

二、碧螺春

碧螺春产于江苏省苏州市吴县太湖的洞庭山一带，所以民间又称"洞庭茶"，是中国历史上的贡茶，十大名茶之一。

碧螺春茶已有1000多年历史，相传有一尼姑上山游玩，摘了几片茶叶，泡茶后香气扑鼻，脱口而出"香得吓煞人"，从此当地人将此茶叫"吓煞人香"。康熙皇帝视察时品尝了这产于春季，汤色碧绿、卷曲如螺的名茶，倍加喜爱，但觉得"吓煞人香"其名不雅，于是题名"碧螺春"。

人们称赞："铜丝条，螺形，浑身毛，花香果味，鲜爽生津"。洞庭碧螺独特的花果香，主要是因为它生长在果园之中，并且接受了洞庭特有水土的滋养。

碧螺春的制作技艺要求非常高，采摘有三大特点：一是摘得早，二是采得嫩，三是拣得净。每年春分前后开采，谷雨前后结束，春分至清明采制的茶叶品质最为名贵。采回的芽叶必须及时进行精心拣剔，保持芽叶匀整一致。做到当天采摘，当天炒制，不炒隔夜茶。经过复杂的工艺制作而成的碧螺春汤色清澈，鲜醇，饮后回味无穷。

来源_百度图片

第五课

"天堂"杭州

导入

大家好，我是阿里巴巴公司最新研发的机器人导游，你们可以叫我"小爱"。关于杭州的旅游，问我是再合适不过了。今天就由我带大家一起游览杭州吧，首先我们来看下杭州的基本情况。

来源_https://699pic.com

杭州，简称"杭"，古时称临安、钱塘，是浙江省省会，也是浙江省的经济、文化、科教中心，长江三角洲中心城市之一。提到杭州，很多人就会想到那句"上有天堂，下有苏杭"，这里的"杭"指的就是杭州。

下面让我们用数字来认识下杭州

- 人口：1036万人(2019)
- 总面积：16853.57平方千米
- 辖区：10个区、2个县
- 生产总值(GDP)：15373亿元(2019)
- 年均气温：17.8度
- 高等院校：40所

杭州不仅是中国的八大古都之一，也是中国最具幸福感城市之一，下面让小爱再用几个杭州之最来介绍下杭州：

1. 千岛湖

   世界上岛屿最多的湖，包含了1078座岛，位于杭州市淳安县。

2. 杭州国际会议中心

   中国最大的球型建筑，是集会议、餐饮、住宿为一体的大型综合型建筑。

3. 西湖

   中国最早免费开放的5A景区，冬天的雪西湖又被称为四季里最美的西湖。

4. 钱塘江大桥

中国自行设计建造的第一座双层铁路、公路两用桥。

5. 杭州火车东站

亚洲最大的动车交通枢纽。

看了这些，你是不是也想去体验一下呢？下面让我们再来了解下杭州的方言、美食和气候特征。

1. 杭州话

杭州话为唐宋官话和吴越方言交融的结晶，也是吴越江南的重要代表方言之一。

2. 杭州菜

杭州菜，又名杭帮菜，是浙江饮食文化的重要组成部分，它与宁波菜、温州菜、绍兴菜共同构成传统的浙江菜系。杭州菜的口味以咸为主，略有甜头。杭州菜选料鲜嫩，多以炒、炸、烩、熘、蒸等方式烹调，"清淡"是杭帮菜的一个象征性特点。

3. 杭州气候特征

杭州属亚热带季风气候。四季分明，雨量充沛。夏季气候炎热、湿润，冬季寒冷、干燥。春秋两季气候宜人，是观光旅游的黄金季节。

金俊成　导游，你好，我有问题需要咨询。

小　爱　请说，你可以叫我小爱。

金俊成　小爱，下个礼拜，我父母从韩国来看我。我想带他们去上海周边的城市走走，比方说杭州，你觉得怎么样？

小　爱　杭州，这是个美丽的城市，值得去。

金俊成　那你有什么推荐的地方吗？

小　爱　请问你们在杭州大概玩几天？

金俊成　可能两天左右吧，因为我们还要去别的城市。

小　爱　好的，稍等，小爱马上为您制订两天的杭州游玩计划。

金俊成　对了，西湖和西溪湿地我们是一定要去的。

小　爱　哦，明白，请问还有什么其他要求吗？

金俊成　最好还能去购买纪念品的地方，因为我父母需要带礼物回韩国。

小　爱　好的。杭州两天游玩这样安排：第一天上午游览西溪湿地，下午入住西湖边的酒店，晚上在西湖边的餐馆就餐，吃完饭夜游西湖。第二天去清河坊街，一边游览一边购物，并体验杭州的历史风情。

金俊成　挺好的，早就听说西湖晚上的音乐喷泉很漂亮。这样安排也不累，挺适合我父母。不过清河坊街是一个什么景点，我不太清楚。

小　爱　清河坊街是杭州唯一保存较完整的旧街区，这里有很多有名的且历史悠久的工艺品店、特产店和饭馆等，非常值得一游。

金俊成　又能购物又能游玩还有好吃的，小爱你太棒了！

小　爱　谢谢您的夸奖，等下我把游玩的详细计划发您微信，可以吗？

金俊成　好的，谢谢啦！

练习

一、听对话，了解重点：

1. 金俊成将去杭州哪些地方游玩？

2. 金俊成为什么提议要去购物的地方？

3. 清河坊街是一个什么样的地方？

二、如何使用下列表达：

1. 第二天去清河坊街，一边游览一边购物，并体验杭州的历史风情。

2. 这样安排也不累，挺适合我父母。不过清河坊街是一个什么景点，我不太清楚。

3. 又能购物又能游玩还有好吃的，小爱你太棒了！

阿里巴巴及双十一

阿里巴巴是目前全球最大的网上贸易市场，已成为全球首家拥有210万商户的电子商务网站，被评为"最受欢迎的B2B网站"。

阿里巴巴集团是由曾担任英语教师的马云与其他18个小伙伴在1999年创立的，总部设在香港(国际总部)及杭州(中国总部)，并在海外设立美国硅谷、伦敦等分支机构。杭州是马云的家乡，也是阿里巴巴的诞生地，现在是中国的电商之都。

阿里巴巴集团的业务包括B2B贸易、网上零售、第三方支付和云计算服务等，业务包括淘宝网、天猫、阿里云等。从2009年开始，每年的11月11号，以天猫、京东为代表的大型电子商务网站一般会利用这一天来进行一些大规模的打折促销活动。双十一已经成为中国互联网最大规模的商业活动。2019年的双十一，天猫总成交额达2684亿人民币。

回答问题

1. 阿里巴巴集团是谁创立的？

2. 阿里巴巴集团是在哪里创立的？

3. 双十一在中国是一个什么样的节日？

综合练习

一、旅行计划

学完本课内容是不是想去杭州旅行呢？如果你有机会去杭州，都想去哪些地方？你将怎么计划自己的旅行？请完成下面的表格。

杭州旅行计划

地点	旅行计划

二、演讲展示

找一处你感兴趣的杭州景点或者场所，写一个简明的介绍，字数300-600字，并制作PPT在班级演讲展示。时间为15-20分钟。

例如：西湖、西溪湿地、灵隐寺等

三、思考问题

1. 通过本课的学习，你认为杭州是一座怎样的城市？

2. 无论国内还是国外，你所了解的城市当中有和"杭州"相似的吗？
   请介绍一下。

一、东坡肉的来历

来杭州游玩有一道不得不尝的美食，那就是东坡肉。这里的"东坡"指的就是宋代的大文豪苏东坡。苏东坡曾两度到杭州为官，第一次是公元1069年，第二次是公元1088年，当时的杭州太守想废西湖造农田，危急时刻苏东坡再度到杭州任太守。

苏东坡认为"杭州之有西湖，如人之有眉目"，是绝对不能废的。他带领杭州民众疏浚西湖，终使西湖重返青春。杭州百姓为表示感谢，纷纷敲锣打鼓、抬猪担酒送到太守府，苏东坡推辞不掉，只好收下。面对成堆猪肉，他叫府上厨师把肉切成方块，用自己家乡(四川眉山)炖肘子的方法，结合杭州人的口味特点，加入姜、葱、红糖、料酒、酱油，用文火焖得香嫩酥烂，然后再按疏浚西湖的民工花名册，每户一块，将肉分送出去。

大家品尝着苏太守送来的红烧肉，感觉味道很特别，纷纷称其为"东坡肉"。有家饭馆老板灵机一动，设法请来太守府的厨师，按照苏东坡的方法制成"东坡肉"，于是饭店从早到晚顾客不断，生意格外兴隆。别的饭馆一见也纷纷效仿，一时间，大小饭馆都卖起了"东坡肉"。

后来，"东坡肉"越传越广，不仅成了杭州第一大菜，也成为风靡全中国的一道名菜。

二、千岛湖

千岛湖，又叫新安江水库，位于中国浙江省杭州市淳安县境内，因湖内拥有1078座岛屿而得名。它与加拿大渥太华的金斯顿千岛湖、湖北黄石阳新仙岛湖并称为"世界三大千岛湖"。

千岛湖是一座人工湖，总面积共982平方千米。千岛湖水在中国大江大湖中位居优质水之首，为国家一级水体，被誉为"天下第一秀水"。中国著名的矿泉水"农夫山泉"便取自于此。

千岛湖因其山青、水秀、洞奇、石怪而被誉为"千岛碧水画中游"。千岛湖风景区是中国5A级旅游景区。千岛湖碧波万倾，千岛竞秀，洞石奇异，还有种类众多的生物资源、文物古迹和丰富的土特产品。近年来，经过大规模的改造和建设，已形成了羡山、屏峰、梅峰、龙山、动物野趣、石林六大景区的14处景点。另外千岛湖好吃的鱼头，也成为了人们来此旅游的目的之一。

6月至7月上旬是千岛湖的雨季，7月中旬到8月下旬是伏旱季节，天气较热。因此，每年去千岛湖旅游的最佳时间9月-11月，这时候秋高气爽，阳光明媚。不过，冬季的千岛湖湖水最纯净，另外，交通、住宿在这个时间也是费用最低的。

2019年，杭黄高铁线开通了。它一头连着"人间天堂"——杭州，一头连着"人间仙境"——黄山，中间环绕千岛湖而行，堪称中国最美高铁线。

来源_https://unsplash.com/s/photos/hangzhou

第六课

"鹭岛"厦门

导入

大家好，我是AI机器人导游，我的名字叫阿妹(闽南话：小女孩的意思)。欢迎大家来到美丽的港口城市厦门，接下来由我带领大家游览厦门，领略厦门的魅力。首先我来向大家介绍一下厦门。

来源_https://unsplash.com

厦门简称"厦"或"鹭"，在远古时为白鹭栖息之地，故又称"鹭岛"。厦门位于福建省东南沿海地区，台湾海峡西岸，是重要的港口和风景旅游城市，曾获"联合国人居奖"，有"国际花园城市"的美誉。

下面让我们用数字来认识下厦门

- 人口：429万人(2019)
- 总面积：1700.6平方千米
- 辖区：6个区
- 生产总值(GDP)：5995.04亿元(2019)
- 年均气温：21度
- 高等院校：22所

厦门不仅是美丽的风景旅游城市，也是一座充满艺术魅力的城市，下面让阿妹再用几个厦门之最来介绍下厦门：

1. 演武大桥

   低桥位段的桥面标高只有5米，被认为是目前世界上离海平面最近的桥梁。

2. HOLLYS COFFEE咖啡厅

   面积达5000多平方米，面朝大海，是全世界最大的咖啡厅，入选世界吉尼斯纪录。

3. 云顶路自行车快速道

   全程高架的空中自行车道全长7.6公里，是中国首条空中自行车道，也是目前世界上最长的自行车道。

4. 鼓浪屿之波

位于厦门环岛路,是目前世界上最长的五线谱音乐雕塑,被列入吉尼斯世界之最。

5. 钢琴博物馆

位于厦门市鼓浪屿景区菽庄花园,馆内藏有世界最早的四角钢琴和最早最大的立式钢琴。

看了以上厦门之最是否也想去厦门真正体验一下呢?下面让我们再来了解下厦门的方言、美食和气候特征。

1. 厦门话

厦门话是闽南语的一种,是今日闽南地区的优势方言,在新加坡也颇具影响力。

2. 厦门菜

厦门菜是闽菜系的代表之一,具有清、鲜、淡、脆且带微辣的独特风味,以海鲜、药膳、素菜著称。厦门菜始终将质鲜味纯和滋补联系在一起,而在各种烹调方法中,汤菜最能体现其原汁原味。

3. 厦门气候特征

厦门属于亚热带海洋性季风气候,温暖湿润,日照时间长,光热条件优越,雨量充沛,冬无严寒,夏无酷暑,全年无霜,一年四季花木繁盛。

金俊成　阿妹，你好，请问现在方便通话吗？

阿　妹　方便。

金俊成　中秋节期间，我的家人要来厦门，你可以推荐几个值得去的地方吗？

阿　妹　请问你们大概在厦门呆几天呢？

金俊成　我们打算在厦门呆两天。

阿　妹　那你和你的家人对哪些方面感兴趣呢？

金俊成　我妈妈很喜欢中国的历史和文化，我想带她去具有闽南特色的地方看看。我爸爸呢，喜欢摄影，想拍一些美丽的风景照片和有厦门地方特色的照片。

阿　妹　好的，为了满足你们全家人的要求，我设计的旅行计划是这样的，第一天坐船去鼓浪屿参观游玩。那里不仅是风景名胜区，还是国际历史社区，你爸爸妈妈应该会很喜欢。

金俊成　好的，我以前也听说过鼓浪屿，百闻不如一见，这次一定要去看看。

阿　妹　第二天上午参观厦门大学，厦门大学被誉为中国最美的大学，是非常值得一去的地方。下午参观南普陀寺，那里是闽南佛教圣地。傍晚到环岛路白城沙滩散散步，吹吹海风，一定很惬意。

金俊成　哇，这么多好地方，真让人期待啊！谢谢你，阿妹！为我们设计了这样丰富有趣的旅行计划。

阿妹 哈哈，不客气，祝你和家人厦门旅行愉快！旅行中如果有什么问题，也可以随时联系我，我24小时在线。

练习

一、听对话，了解重点：

1. 金俊成的家人打算什么时候去厦门旅游？

2. 金俊成的父母分别对什么感兴趣？

3. AI小导给他推荐去哪些地方？

二、如何使用下列表达：

1. 为了满足你们全家人的要求，我设计的旅行计划是这样的。

2. 那里不仅是风景名胜区，还是国际历史社区，你爸爸妈妈应该会很喜欢。

3. 旅行中如果有什么问题，也可以随时联系我，我24小时在线。

鼓浪屿毓园

毓园位于厦门鼓浪屿复兴路，又称林巧稚纪念馆。此园是厦门市政府为纪念出生于鼓浪屿的著名医生林巧稚大夫而建，里面不仅存有林巧稚大夫的汉白玉雕像，而且还建有"林巧稚大夫生平事迹展览室"。园中的两株南洋杉，为邓颖超同志亲手种植，象征着林巧稚大夫高洁的品格。

林巧稚大夫出生于福建省思明县鼓浪屿的一个教员家庭。1929年，她从协和医科大学毕业并获医学博士学位，被聘为协和医院妇产科医生，为该院第一位毕业留院的中国女医生。

林巧稚大夫还是中国现代妇产科医学的奠基人，培养和造就了大批医学人才，亲自接生了五万多名婴儿，治疗了无数妇科病人。毓园的"毓"，就是培育养育之意，表达了厦门人民对林巧稚大夫的敬爱之情。

来源_作者摄影

回答问题

1、鼓浪屿毓园是为纪念谁而建立的？

2、林巧稚大夫为什么那么有名？

3、毓园的"毓"是什么意思？

一、旅行计划

　　学完本课内容是不是想去厦门旅行呢？如果你有机会去厦门，都想去哪些地方？你将怎么计划自己的旅行？请完成下面的表格。

厦门旅行计划

地点	旅行计划

二、演讲展示

找一处你感兴趣的厦门地标或者场所，写一个简明的介绍，字数300-600字，并制作PPT在班级演讲展示。时间为15-20分钟。

例如：厦门大学、鼓浪屿、南普陀等

三、思考问题

1. 通过本课的学习，你认为厦门是一座怎样的城市？

2. 无论国内还是国外，你所了解的城市当中有和"厦门"相似的吗？
   请介绍一下。

城市链接

一、闽南中秋民俗活动—博饼

博饼，起源于福建厦门鼓浪屿，始于清初，是一种独特的中秋民俗活动，也是闽南人对历史的一种传承。相传中秋博饼是郑成功屯兵鼓浪屿时为解士兵的中秋相思之情和鼓舞士气而发明的。于是一代一代传下来，就成了如今闽南地区独具特色的民间习俗，也是国家级非物质文化遗产之一。

每逢中秋佳节，闽南及台湾地区都会以家庭或社团为单位，自发举行中秋博饼活动。参加者以六个骰子轮流投掷，博取状元、榜眼、探花、进士、举人和秀才六个等第，并按等第获取大小不同的月饼(博饼风俗中的月饼称为"会饼")。博饼活动规则简单公平，既充满竞争悬念，又富于生活情趣，历来为广大民众所喜爱。

很多外乡人来闽南，都会被这种带有浓厚节日色彩的风俗活动所感染，纷纷设法以各种方式参与到活动中。

二、鼓浪屿钢琴博物馆

鼓浪屿钢琴博物馆坐落于鼓浪屿景区菽庄花园，于2001年1月落成。馆内陈列了原籍为鼓浪屿的澳大利亚华侨胡友义先生收藏的100余架古钢琴，它是目前为止中国唯一专门展示世界各国钢琴的专业博物馆，里面不仅有稀世名贵的镏金钢琴，还有世界最早的四角钢琴和最早最大的立式钢琴，以及手摇钢琴等。

胡友义先生的父亲爱好音乐，小时候父亲常带他去听钢琴演奏会，耳濡目染，使胡友义先生从小就与钢琴结下了不解之缘。孩提时代，父亲就请名师来教他弹奏钢琴，十岁多时又送他到上海音乐学院学习。二十九岁时胡友义先生获得比利时政府提供的全额奖学金，赴比利时布鲁塞尔皇家音乐学院继续深造，后来他移民到澳大利亚，仍然从事音乐工作。

胡友义先生说："不论在世界上任何地方，鼓浪屿都是我永远的故乡。我把我毕生收藏的钢琴放在这里展览，是我将自己最珍爱的东西搬回家。"胡友义先生精心挑选的不仅有百年名琴，还有能反映钢琴发展史最具特色的珍品，所以观众感慨"参观一次鼓浪屿钢琴博物馆，相当于浏览了一遍世界钢琴发展史。"

来源_作者摄影

第七课

"鹏城"深圳

导入

大家好，我是AI机器人导游，我的名字叫阿鹏，欢迎大家来到深圳。深圳是一座年轻、开放又充满活力的科技之城，接下来由我带领大家游览和了解深圳。首先我来向大家介绍一下深圳。

来源_https://unsplash.com/s/photos/shenzhen

深圳简称"深"，别称鹏城，位于广东南部、珠江口东岸，毗邻香港。深圳是中国第一个经济特区，是中国改革开放的窗口和新兴移民城市，被誉为"中国硅谷"。

下面让我们用数字来认识下深圳

- 人口：1343.88万人(2019)
- 面积：1997.47平方千米
- 辖区：9个区
- 生产总值(GDP)：26927.09亿元(2019)
- 年均气温：22度
- 高等院校：17所

深圳不仅是一座新兴的高新技术产业之都，也是岭南文化气息浓郁的城市，下面让阿鹏再用几个深圳之最来介绍下深圳：

1. 深圳科技工业园

   中国大陆第一个科技园区，由深圳市政府和中国科学院于1985年共同创办。

2. 深圳发展银行

   中国第一家面向社会公众公开发行股票并上市的商业银行，于1987年12月22日正式宣告成立。

3. 进出口贸易

   自1993年起，深圳进出口贸易总额连年居全国大中城市第一位。

4. 罗湖口岸

与香港新界一河之隔，是全国最繁忙的口岸。

5. 福田站

深圳最大的火车站，也是亚洲最大、全世界列车通过速度最快的地下火车站。

看了以上深圳之最，是不是为深圳的发展感到惊叹呢？下面让我们再来了解下深圳的方言、美食和气候特征。

1. 深圳话

深圳话原指深圳市原住民所使用的本土方言客家话、粤语、大鹏话。改革开放以来，随着大量外地人口的涌入，深圳市的主要语言逐渐变为普通话。

2. 深圳菜

深圳菜种类极为丰富，汇四方美味，集八方佳肴。中外风味兼容，各大菜系并存，其中潮州菜、粤菜、川菜、京菜尤为风靡。

3. 深圳气候特征

深圳属于南亚热带季风性气候，春温多雾，夏热多雨，秋日晴和，冬微干冷。全年日照充足，夏季暴雨、雷暴、台风多发。

金俊成　阿鹏，你好，请问现在能听到我说话吗？

阿　鹏　能听到，请说。

金俊成　十一黄金周，我打算和几个大学同学一起去深圳旅游，你能为我们设计一个两日游路线吗？

阿　鹏　好啊，让我想一想。两日游的话，第一天推荐你们去世界之窗看看，那里展示着几千年来人类文明的精华。你和同学们来自世界各地，我想大家在那里肯定能找到与自己国家或民族文化相关的内容。

金俊成　世界之窗听起来非常棒啊，我已经有些迫不及待了！

阿　鹏　第二天是自然之旅，上午去领略红树林的美景。红树林是中国面积最小的国家级自然保护区，也是深圳市区内的一条绿色长廊，与滨海生态公园连成一体，对面就是美丽的深圳湾。

金俊成　哇，听起来是个非常适合拍照的地方啊！

阿　鹏　是的。下午你们可以去小梅沙海滨公园游玩儿。那儿素有"东方夏威夷"的美誉，洁白的沙滩一望无际，与香港遥遥相对。

金俊成　啊，这一山一海，可以让我们尽情感受自然之美！

阿　鹏　是啊，而且深圳也是一座新兴的移民城市，改革开放政策加上特殊的地缘环境，造就了深圳独特的移民文化。不仅如此，深圳还是中国创业密度最高，人口吸引力最强的城市呢，中国很多著名的科技公司都在深圳，比如华为啊、腾讯啊。

金俊成　哇，小深，你好厉害啊，谢谢你告诉我这些！有机会话，我以后很想去这些大型科技公司工作。

阿　鹏　嘿嘿，不客气，祝你和同学们旅行愉快！

练习

一、听对话，了解重点：

1. 金俊成和同学们打算什么时候去深圳旅游？

2. AI小导推荐他们去哪些地方？

3. 深圳有哪些著名的科技公司？

二、如何使用下列表达：

1. 我想大家在那里肯定能找到与自己国家或民族文化相关的内容。

2. 红树林是中国面积最小的国家级自然保护区，也是深圳市区内的一条绿色长廊。

3. 那儿素有"东方夏威夷"的美誉。

科技创新之城——深圳

创新是深圳的基因，也是这座城市发展的生命线。福布斯中国发布的"创新力最强的30个城市"中，深圳位列榜首。现今的中国经济已由高速增长阶段转向高质量发展阶段，而深圳是中国经济转型中的排头兵。

深圳有着浓郁的创业创新氛围，为创业者提供了一个良好的环境，可以让创业者的潜力加倍释放。目前深圳的国家级高新技术企业由2010年的1353家增加到2019年底的17000余家，这是其他城市所无法比拟的。

一直以来，深圳都把自主创新作为城市发展的主导战略，依法实施最严格的知识产权保护政策，因此深圳高新技术企业的创新能力得到明显提升，在人工智能、集成电路、生物与生命健康、新材料等领域取得了举世瞩目的成绩。

来源_https://unsplash.com/photos/xQdUIo_MSQ4

回答问题

1. 中国创新力最强的城市是哪座？
2. 深圳把什么作为城市发展的主要战略？
3. 深圳在哪些方面取得了举世瞩目的成绩？

综合练习

一、旅行计划

　　学完本课内容是不是想去深圳旅行呢？如果你有机会去深圳，都想去哪些地方？你将怎么计划自己的旅行？请完成下面的表格。

深圳旅行计划

地点	旅行计划

二、演讲展示

找一处你感兴趣的深圳地标或者场所，写一个简明的介绍，字数300-600字，并制作PPT在班级演讲展示。时间为15-20分钟。

例如：莲花山、东门、大芬油画村等

三、思考问题

1. 通过本课的学习，你认为深圳是一座怎样的城市？

2. 无论国内还是国外，你所了解的城市当中有和"深圳"相似的吗？请介绍一下。

一、"深圳"地名的由来

如今的深圳，是一个享誉国际的大都市，但仅仅二十多年前，深圳还只是宝安县下面的一个小镇。那么"深圳"这个名称是怎么来的呢？

明朝永乐八年(1410年)，先民们陆续来到现今福田、罗湖一带进行开发，沉睡了千万年的荒山野岭逐渐变成了良田。当时，从银湖到笔架山东侧，有一条深水沟，一直延伸出来，经过蔡屋围附近，一直连到深圳河。银湖、笔架山的山泉水也顺着这条深沟往下流，当地人就把这条深沟称为"深圳"。

"圳"按照《现代汉语词典》和《新华字典》的解释是一个方言词汇，主要在广东省流行，意思是田野间的水沟。由于这条深水沟是这一地带地形地貌的一大特征，因此"深圳"也就成为了这方土地的代名词，久而久之，人们就约定成俗，称这一带为深圳。

二、深圳地铁

深圳地铁(Shenzhen Metro)是指服务于中国广东省深圳市的城市轨道交通，其第一条地铁线于2004年12月28日正式开通。深圳是中国大陆继北京、天津、上海、广州后，第五个拥有地铁系统的城市。

截至2020年8月，深圳地铁已开通11条路线，全市地铁路线总长为

411公里，共设有地铁站283座，地铁路线覆盖深圳市区。

深圳地铁的广播语言先后为普通话、粤语和英语。与广州地铁和佛山地铁相同，但是由于部分路线两站之间的路程较短，因此会出现没有粤语广播的情况。

目前深圳地铁大多数线路的首尾两节车厢被设为女士优先车厢，为女性乘客乘坐地铁提供了方便。

2018年11月5日起，深圳地铁所有车站均开通扫码支付服务，乘客只需使用深圳地铁app、港铁深圳app、腾讯乘车码、深圳地铁e出行小程序或港铁深圳live+小程序，在支持扫码的闸机前扫码，即可进出地铁站。

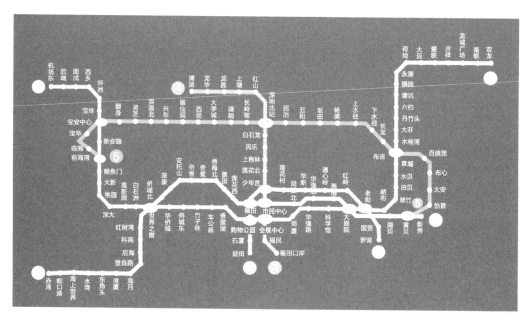

来源_http://map.ps123.net/china/87.html

第八课

"羊城"广州

大家好，我是AI机器人导游，你们可以叫我"靓仔" liàngzǎi(广东话：帅哥的意思)。今天由我带大家一起游览广州，了解广州。首先我向大家介绍下广州吧。

广州是广东省的省会，简称"穗"，是中国华南地区最大的城市，也是珠江三角洲的核心城市。广州的车牌号是粤A开头，粤是广东省的简称。广州还有很多有趣的别名，比如"羊城"、"花城"。

下面让我们用数字来认识下广州

- 人口：1530.59万人(2019年常住人口)
- 总面积：7434.4平方千米
- 辖区：11个区
- 生产总值(GDP)：23628.60亿元(2019年)
- 年均气温：21度
- 高等院校：82所

广州不仅是中国南方最大的历史文化名城，也是世界上唯一一个两千年不衰的大港。下面让靓仔再用几个广州之最来介绍下广州：

1. 广州地铁3号线

全部为地下线路，总长64.41公里，是全世界最长的地下铁。

2. 广州塔

中国第一、世界第二高的电视塔，内有世界最高最长的空中漫步云梯、世界最高的旋转餐厅等。

3. 琶洲展馆

琶洲展馆毗邻广州大学城，总建筑面积110万平方米，是中国最大的展览馆。

4. 华南植物园

中国历史最久、种类最多、面积最大的南亚热带植物园。

5. 广州瑰丽酒店

全球最高的酒店，内有中国最高的酒吧及世界上速度最快的电梯。

看了以上广州之最，是不是很想赶快去广州旅游一番呢？下面让我们再来了解下广州的方言、美食和气候特征。

1. 广州话

广州话，又称粤语，在广东、广西及香港、澳门和东南亚的部分国家或地区，以及海外华人社区中广泛使用。

2. 广州菜

广州菜，是粤菜的代表，是中国传统饮食文化最重要的流派之一。广州菜味道讲究"清、鲜、嫩、滑、爽、香"，追求原料的本味、清鲜味，广州菜最大特色便是用料广博奇杂，调味品种类也繁多，遍及酸、甜、苦、辣、咸、鲜，但少用辣椒等辛辣佐料。

3. 广州气候特征

海洋性亚热带季风气候，以温暖多雨、光热充足、夏季长、霜期短为特征。广州全年雨量充沛，利于植物生长，"花城"也因此得名。

金俊成　你好，靓仔？

靓　仔　雷猴 nei5 hou3("你好"的广东话发音), 靓仔。

金俊成　咦，你为什么也叫我"靓仔"，靓仔不是你的名字吗？

靓　仔　是的，我的名字是叫靓仔，但是靓仔是帅哥的意思，难道你不是帅哥吗？

金俊成　哈哈哈，我是，我当然是！这次我们有两个靓仔要来广州玩，请靓仔导游帮我们安排下吧。

靓　仔　好的，非常乐意为你们服务。请问你们什么时候来广州，需要提供接机服务吗？

金俊成　我下星期四来，接机不用了，我的另一个朋友就在广州的中山大学，他会来接我的。

靓　仔　好的，那请问你对广州游玩有什么特别要求吗？

金俊成　我听我朋友说，广州它既是一座历史文化名城，又是一个现代大都市，因此这两方面我都想见识见识。

靓　仔　好的，根据你的关键词，已为你搜索了相关景点：陈家祠、沙面、广州塔…

金俊成　嗯，这几个景点，我都听说过，那请导游帮我安排下行程吧。我只有三天时间，但是我想多体验下广州。

靓　仔　好的，马上为您安排广州三天行程：第一天入住酒店，沙面岛晚餐，然后乘船夜游珠江。第二天上午参观陈家祠，下午逛逛上下九步行街。第三天上午喝早茶，下午爬白云山，晚上欣赏广州塔。您看可以吗？

金俊成　应该可以，如果我们中途想休息的话，可以取消部分行程吗？

靓　仔　当然，这个听你们的。

金俊成　多谢靓仔，那先这样，到时我有需要再联系你。

靓　仔　好的，不客气，我就是你的贴心管家。

(五分钟后，金俊成的微信就收到了导游发来的广州游玩行程安排及其他温馨提示。)

练习

一、听对话，了解重点：

1. 金俊成准备在广州玩几天？

2. 金俊成和谁一起游玩广州？

3. AI导游给金俊成推荐了广州哪些地方？

二、如何使用下列表达：

1. 但是靓仔是帅哥的意思，难道你不是帅哥？

2. 广州它既是一座历史文化名城，又是一个现代的大都市。

3. 我只有三天时间，但是我想多体验下广州。

陈家祠

陈氏书院，是中国清代宗祠建筑，也叫陈家祠。它位于广州市中山七路，是广东省各地陈氏宗族共同捐资兴建的"合族祠"。当时建陈家祠主要是为了那些陈氏宗族子弟来省城(广州)考试、工作的时候有一个临时居所。

陈家祠是一座传统的岭南祠堂式建筑，是广东省规模最大的祠堂。占地面积15000平方米，主体建筑面积为6400平方米，由大大小小十九座单体建筑组成。

陈家祠集中体现了广东民间的建筑装饰艺术，巧妙运用木雕、砖雕、石雕、灰塑、陶塑、铜铁铸和彩绘等装饰艺术。陈氏书院中的木雕，数量最多，内容丰富。如《三国演义》的故事片段通过小小的木雕生动地表现出来。这些装饰造型生动、色彩丰富、技艺精湛，把陈家祠打造成了一座民间装饰艺术的博物馆。

1. 陈家祠还叫做什么？

2. 陈家祠是用来干什么的？

3. 陈家祠的独特价值是什么？

综合练习

一、旅行计划

　　学完本课内容是不是想去广州旅行呢？如果你有机会去广州，都想去哪些地方？你将怎么计划自己的旅行？请完成下面的表格。

广州旅行计划

地点	旅行计划

二、演讲展示

找一处你感兴趣广州的地标或者场所，写一个简明的介绍，字数300-600字，并制作PPT在班级演讲展示。时间为15-20分钟。

例如：广州塔、北京路、沙面岛等

三、思考问题

1. 通过本课的学习，你认为广州是一座怎样的城市？

2. 无论国内还是国外，你所了解的城市当中有和"广州"相似的吗？请介绍一下。

一、广州早茶文化

我们知道，在中国最常用的打招呼方式是"你吃了吗"，但是在广州早上见面的第一句话是"饮左茶未"(你喝茶了吗？)。这跟其他很多地方都不一样，可见广州人对饮茶的喜爱。饮茶是广州人的一种生活习惯，也是一种交际方式。

广州人所说的饮茶，不仅饮茶，还要吃点心。广州的茶楼既供应茶水又供应各式各样精致的小点心。茶楼一般都建筑规模宏大，富丽堂皇。因此，广州人聚会，谈生意，业余消遣，都喜欢上茶楼。

广州的茶市分为早茶、午茶和晚茶。早茶通常清晨4点开市，晚茶要到次日凌晨1-2时收市，有的通宵营业。一般来说，早茶是最兴隆的，从清晨至上午11时，往往座无虚席。特别是节假日，不少茶楼要排队候位。现在，饮晚茶也渐渐兴盛起来，尤其在夏天，茶楼成为人们消暑的首选去处。

二、肠粉制作

肠粉是广东地区的一大特色美食，也是一款再寻常不过的小吃。很多人都喜欢在吃早茶的时候，点上一盘肠粉。那肠粉的制作是怎样的呢？

首先我们来看下肠粉制作需要的主料有肠粉专用粉、猪肉或牛肉、虾仁、青菜、鸡蛋等。接着我们按步骤进行操作：

将1量杯的肠粉专用粉加1.4量杯的水混合，搅拌均匀成肠粉粉浆。(如果没有肠粉专用粉，也可以自己拿米、面粉和水兑成。)

找出一个平底的不锈钢蒸盘，刷上少许的食用油。

在蒸盘中倒入薄薄的一层粉浆，摇晃蒸盘使得粉浆平铺蒸盘的表面。

然后准备馅料，将猪肉剁成肉碎，然后拌上盐、鸡精、少许糖和生葱，将准备好的馅料薄薄地铺在粉皮上。

把肠粉放进锅内蒸约5-8分钟。

蒸熟后，淋上已调好的酱汁，粉皮小心地卷起，要卷得均匀。最后，好吃的肠粉就大功告成了！

| 主编 |

侯文玉

中國 延邊大學校 學士 卒業
延世大學校 碩士 卒業
中國 上海外國語大學校 博士 卒業
中國 同濟大學校 言語學 副教授
慶熙大學校 孔子學院 中國院長

刘运同

中國 中山大學校 學士 卒業
中國 北京言語大學校 碩士 卒業
中國 上海外國語大學校 博士 卒業
中國 同濟大學校 言語學 教授

| 审订 |

裵宰奭

延世大學校 學士 卒業
美國 The Ohio State University 碩士 卒業
中國 南京大學校 博士 卒業
慶熙大學校 中文學科 教授
北京大學校 客座 教授
韓國中國言語學會 會長
慶熙大學校 孔子學院 韓國院長
國際韓國語應用言語學會 副會長

중국도시 명함 第一册

초판 인쇄 2021년 2월 15일
초판 발행 2021년 2월 26일

主　　编 | 侯文玉 · 刘运同
编　　者 | 刘寒蕾 · 夏维 · 王思宇 · 王娟 · 张露
封面设计 | 陆熠
审　　订 | 裵宰奭
펴 낸 이 | 하운근
펴 낸 곳 | 學古房

주　　소 | 경기도 고양시 덕양구 통일로 140 삼송테크노밸리 A동 B224
전　　화 | (02)353-9908 편집부(02)356-9903
팩　　스 | (02)6959-8234
홈페이지 | www.hakgobang.co.kr
전자우편 | hakgobang@naver.com, hakgobang@chol.com
등록번호 | 제311-1994-000001호

ISBN 979-11-6586-144-5 93720

값: 10,000원